SPANISH

Padres Activos de Hoy ™

Un programa de 3 partes para criar a niños de 2 a 12 años de edad

Guía para los Padres

Por Michael H. Popkin, Ph.D.

© Derechos de propiedad literaria, 1999 de Active Parenting Publishers, Inc.
Todos los derechos reservados. Impreso en los Estados Unidos de Norte América.
No se permite la reproducción de ninguna parte de este libro en cualquier forma
sin el permiso de la compañía editorial.
Publicado por Active Parenting Publishers, Inc. Atlanta, Georgia.

ISBN 1-880283-25-5

Fotografías por Ricardo Quirós y Michael Popkin.

Para mis hijos, Megan y Ben,
quienes me retan a practicar lo que predico.

Un agradecimiento muy especial
a nuestro presentador del video:

Gustavo Rojas

Agradecimientos

Muchas de las ideas y técnicas incluídas en este libro provienen de temas presentados por dos de los más prestigiosos psicólogos, Alfred Adler y Rudolf Dreikurs. Otros psicólogos que colaboraron con sus ideas fueron: Carl Rogers, Robert Carkhuff, Thomas Gordon y Haim Ginott.

También quisiera agradecerles a la gran cantidad de líderes del programa *Padres Activos de Hoy* quienes han enseñado este curso a más de dos millones de padres. Gracias por animarnos a crear este programa en español.

Les agradezco de la misma forma a Lisa Wasshausen, Directora del Desarrollo de Productos, a Carol Thompson Ruddic, quien nos ayudó a simplificar la versión de este programa en inglés, a Gloriela Rosas, Gerente del Departamento de Desarrollo de Productos, por su colaboración en el diseño y la composición de esta guía y a Ana Soler por el magnífico trabajo de traducir y de editar esta guía en español.

Agradecemos muy especialmente a la Junta Directiva de este breve curso por su experiencia y esfuerzo:

María Natera-Riles, Ph.D.
Doctora
Sacramento, CA

Ann Ritter
Profesora de Padres de Familias
Tucson, AZ

Myrhiam Easton, M.S.
Consejera de Matrimonios y Familias
Bonito, CA

Martina J. Arrington-Hughes
Pasante de Terapia Familiar
Pleasantville, NJ

Milagros Esteban
Consejera de Familias en el Hogar
Bridgeport, CT

Kevin Tansey, Ph.D.
Terapeuta
Yuma, AZ

Melinda Acosta-McVicar, M.D.
Profesora de Pediatría Clínica
Manhasset, NY

Prólogo

Yo comencé a enseñar el método de educar a los niños de una manera activa basándome en dos conceptos:

1. La importancia de educar bien a nuestros hijos.
2. El educar bien a nuestros hijos no es una tarea fácil.

Durante los últimos años he trabajado con muchos padres de familias y creo que la mayoría de ellos quieren a sus hijos. Tanto que quieren educarlos bien. El problema es que muchos padres no reciben las instrucciones y las técnicas necesarias para hacerlo desde el principio. No como en otros trabajos donde las personas reciben entrenamiento y apoyo de antemano. Nosotros nos comportamos como si los padres deberían saber cómo cumplir su función.

Hoy en día, gracias a su líder de *Padres Activos de Hoy*, éste comportamiento está cambiando. Los padres de familia están interesándose más en aprender las mejores formas de guiar a sus hijos. Usted ya ha tomado un gran paso. Usted se ha dado cuenta de que aunque ya sea un "buen" padre o una "buena" madre, usted puede aprender a ser aún mejor.

Los padres y las madres de origen latino frecuentemente se encuentran en un nuevo país lleno de oportunidades... y dificultades. Aún si vivieran en sus países natales, ellos podrían sentir que están viviendo en un mundo que es diferente al que vivieron cuando crecieron. Las técnicas que enseñamos en este libro son una clave para criar con éxito a niños que crecen en cualquier sociedad moderna y democrática. Utilícelas para promover su salud y la de sus hijos y recuerde que usted tiene un trabajo muy importante que desempeñar: ¡Usted es el padre o la madre de sus hijos!

Michael Popkin
Atlanta, 1999

Contenido

El padre activo

En este curso usted aprenderá a ser una madre o un padre "activo." Muchos padres son "reactivos." Esto significa que ellos esperan hasta que el niño haga algo mal y entonces reaccionan. Los padres reaccionan cuando están enojados o heridos. Esto puede causar que les griten o les peguen a sus hijos.

El criar a sus hijos de una manera "activa" también significa que usted debe ser un padre "activo" e involucrarse en la vida de sus hijos. Los abrazos dicen más que simplemente "hola."

Nosotros creemos que el padre y la madre deben ser los líderes de la familia. En este curso:

- ❏ Les ayudaremos a reconocer lo que sus hijos necesitan.
- ❏ Les enseñaremos las formas positivas de ayudar a que sus hijos puedan satisfacer esas necesidades.
- ❏ Les ayudaremos a disfrutar el ser padres.

Lo que usted hace y cómo lo hace es muy importante. Sus hijos lo estarán observando y aprendiendo de usted. Mientras aprende recuerde, todos cometemos errores.

¿Qué pasa si se da cuenta que está cometiendo errores con sus hijos? Está bien. Casi todos cometemos errores. Usted aprenderá a cambiar su comportamiento. Los errores son para aprender. Sea amable consigo mismo. No se sienta mal solamente porque cometió un error.

Los niños y los padres tiene diferentes funciones. El trabajo o la función del padre es ser el líder de la familia. El trabajo del niño es aprender. En muchas formas los niños y los adultos son iguales. Ellos tienen el mismo derecho de ser tratados con respeto. Ellos también tienen la misma necesidad de decir lo que piensan y lo que sienten.

El trabajo de criar a nuestros hijos será más fácil si:

1. Usted habla con otros padres acerca de los riesgos que les rodean a sus hijos dentro de su comunidad.

2. Usted forma parte de grupos familiares en su iglesia o en la escuela de sus hijos para así crear un lugar mejor donde usted y sus niños puedan vivir.

3. Usted permite que su niño aprenda gradualmente a ser independiente usando las técnicas que aprenderá en este curso.

Nuestro propósito como padres

El propósito de ser padres no ha cambiado en miles de años. Podemos decirlo así:

"El propósito como padres es proteger y enseñar a nuestros hijos a sobrevivir y a crecer en el tipo de sociedad en la cual ellos van a vivir."

Aunque éste propósito no ha cambiado, la sociedad en la que vivimos sí lo ha hecho. Esta sociedad funciona más rápidamente, nos produce más ansiedad, y es aún más peligrosa. Sin embargo si vemos el lado positivo, ésta sociedad es también más democrática, más rica debido a la presencia de distintas culturas y ofrece más oportunidades para que todas las personas tengan éxito. Estos cambios significan que algunas de las antiguas formas de educar a nuestros hijos, aquellas formas que funcionaron cuando eramos niños, ya no son efectivas y han cambiado.

Veamos las tres maneras de educar a nuestros hijos y la eficacia de cada una si las aplicamos a esta sociedad moderna y democrática.

¿Qué clase de padre es usted?

1. El padre autoritario: ("El dictador")

El dictador es un padre o una madre que lo controla todo. El dictador tiene un gran poder sobre la vida de sus hijos. El dictador ofrece recompensas cuando los niños se portan bien y los castiga cuando se comportan mal. El dictador les dice a los niños qué hacer, cómo hacerlo, dónde hacerlo y cuándo hacerlo. Este método fue efectivo para nuestros abuelos, pero no funciona debidamente bien hoy día. El dictador establece límites en la vida de los niños sin darles ninguna libertad. Podemos ilustrar ésto como un *círculo*. El círculo significa los límites alrededor de los niños. Estos son "límites sin ninguna libertad."

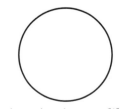

"Límites sin ninguna libertad"

2. El padre permisivo o indulgente: ("El tapete")

El padre o la madre que representa un tapete deja que los niños hagan lo que quieran. Los niños no escuchan a los padres. Estos padres actúan como un tapete pues dejan que sus hijos caminen por encima de ellos. Los niños con este tipo de padres sienten que no pertenecen a la familia. Ellos no saben cómo actuar o cómo colaborar con otras personas. El padre que es un tapete le dá demasiadas libertades al niño sin establecer ningún límite. Podemos ilustrar esto como una línea en *zig zag*. Esto significa que sólo hay libertades. No hay límites que mantengan a los niños en un círculo.

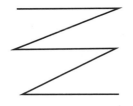

"Libertades sin límites"

3. El padre democrático/activo: ("El padre activo")

El padre o la madre activa representa un punto medio entre el padre "dictador" y el padre "tapete." Es importante que nuestros hijos tengan algunas libertades. También es necesario establecer ciertos límites y responsabilidades para ellos. Ellos aprenderán que tienen derechos y que todos a su alrededor también los tienen. El padre activo (quien cree en la igualdad) "ofrece libertad a sus hijos, pero estableciendo ciertos límites y ciertas responsabilidades." Podemos ilustrar ésto como una línea en *zig zag dentro de un círculo*. Hay libertad dentro de un círculo de límites. El estilo activo funciona mejor en una sociedad democrática. Este estilo prepara a los niños a lograr sus metas en cualquier país que no esté controlado por un dictador y que tenga leyes.

"Libertad dentro de ciertos límites"

Las recompensas y el castigo frecuente no resultan

Una **recompensa** es algo que usted le ofrece a un niño como resultado de un buen comportamiento. ¿Les paga a sus hijos por ser buenos? ¿Les da dulces, juguetes, o un regalo especial para tratar de que se comporten bien? Si lo hace, su niño empezará a esperar que usted le ofrezca estas cosas siempre. Ellos empezarán a pensar "¿Qué me va a dar ésta vez si me porto bien?" Ellos no aprenderán a cooperar.

El **castigo** es algo que usted hace para reprender a sus hijos por un mal comportamiento. ¿Cómo trata usted a sus hijos cuando no se portan bien? ¿Les pega, les grita, o los manda a sus habitaciones? Si usted lo hace, sus hijos se sentirán heridos y enojados. Tal vez sus hijos comiencen a pensar en alguna forma de vengarse de usted.

Hay mejores maneras de colaborar con sus hijos. Usted aprenderá más acerca de ellas en el futuro.

¿Qué clase de niño quiere?

¿Cuál es el trabajo del padre? El padre les enseña a sus hijos a vivir en este mundo. Queremos tener niños que sean felices y saludables. Queremos ayudarles a crecer y convertirse en adultos con éxito. ¿Qué necesita saber su niño para poder vivir en este mundo?

- ❏ **El valor.** Con valor, los niños pueden enfrentar cualquier problema que la vida les presente. Ellos tratarán, fracasarán, y tratarán otra vez hasta que logren lo que quieren. Sin el valor, los niños se dan por vencidos rápidamente o pierden el deseo de tratar nuevamente.

- ❏ **La auto-estimación.** Esta es la opinión que tenemos de nosotros mismos. Si su niño tiene un alto concepto de sí mismo, él pensará que puede tener éxito. El no se dará por vencido cuando fracasa. El pensará que es un ganador. El necesita tener un alto concepto de su propio valor. Esto causa que su niño se comporte positivamente.

☐ **La responsabilidad.** Esto significa que su niño entiende que sus acciones lo afectan a sí mismo y a los que lo rodean. Cuando nuestros niños crezcan, ellos tendrán que tomar miles de decisiones. ¿Cómo afectará a sus hijos y a otras personas las decisiones que ellos tomen hoy? ¿Si se les ofrece drogas, sus hijos las aceptarán o las rechazarán? ¿Qué harán ellos en cuanto al sexo, al crimen, a las bebidas alcohólicas, al dejar la escuela? Nosotros debemos enseñarles a pensar antes de decidir qué hacer. Cualquier cosa que ellos hagan afectará su vida y las vidas de los que los rodean.

☐ **La cooperación.** ¿Puede su niño trabajar junto con otras personas? El formar parte de un grupo es muy importante. Un niño que puede trabajar junto con otros tiene más oportunidades de ser feliz y de tener éxito en este mundo. El niño que no aprende a cooperar puede tener problemas al crecer. Los padres y los hijos deben ser capaces de vivir juntos pacíficamente. Los padres no pueden obligar a sus hijos a que los quieran y los respeten. Los padres deben ganarse ese amor y ese respeto.

Nosotros le ayudaremos a enseñarle a sus hijos a:
- ☐ seguir adelante aún cuando tengan miedo *(valor)*
- ☐ pensar que son ganadores *(auto-estima)*
- ☐ tomar buenas desiciones *(responsabilidad)*
- ☐ ser capaces de trabajar junto con otras personas *(cooperación)*

Las alternativas

Las alternativas representan "el poder." Cada uno de nosotros tenemos el derecho y la capacidad de escoger. La "Libertad dentro de ciertos límites" significa que el niño es libre de tomar ciertas decisiones. Esto le da poder a cada niño.

Como padre, usted controla cuáles son las alternativas que su niño puede escoger. Esto le ayudará a guiar a su niño usando los límites. La clave está en darle a su pequeño niño alternativas simples según sus necesidades y poco a poco ir expandiendo gradualmente la libertad y los límites de su niño a medida que crece.

No se convierta en el jefe de su niño. Ofrézcale alternativas.

Usted les puede dar alternativas simples a sus hijos pequeños. En el video vimos que Laura no podía convencer a Carlos de que se pusiera su camisa. Pero cuando ella ofreció una altenativa, el conflicto desapareció.

Laura le dió a Carlos una alternativa entre dos camisas. Carlos escogió la camisa que quería ponerse. ¿Qué pasaría si Carlos quisiera ponerse una camisa que está sucia y rota? Laura puede decir:

> *"Lo siento Carlos, pero esa camisa no es apropiada para salir a la calle. ¿Qué tal si te pones ésta camisa amarilla?"*

A medida que los niños van creciendo, usted les puede dar más alternativas.

Las alternativas para los niños

Niños de 2 a 5 años de edad:

"¿Quisieras jugo de naranja o de manzana hoy?"

"¿Puedes guardar ésto solito o quieres que te ayude?"

"¿Quieres bañarte ahora o después de que te cante otra canción?"

Niños de 6 a 12 años de edad:

"¿Quieres hacer la tarea antes o después de comer?"

"¿Quisieras poner la mesa o ayudarme a preparar la ensalada?"

"¿Quisieras visitar a la abuelita el Sábado o el Domingo?"

No lo convierta todo en una alternativa. Los padres también necesitan guiar y dirigir a sus hijos. Esto les ayudará a tomar buenas decisiones.

El valor

Veamos más a fondo una de las cualidades que son claves para que su niño pueda sobrevivir y prosperar. Nosotros pensamos que el valor es una de las cosas más importantes que usted le puede enseñar a sus hijos. Con el valor su niño podrá ignorar sus temores. Su niño podrá resolver los problemas de la vida cuando éstos son dolorosos o peligrosos. Su trabajo es ayudar a que su niño aprenda a tener valor. Una de las maneras por la cual su niño aprenderá a tener valor es por medio de la forma en que usted lo trata.

La auto-estima

¿De dónde viene el valor? El valor viene de la confianza que tenemos en nosotros mismos. Los niños tienen una auto-estimación alta cuando tienen confianza en sí mismos, cuando se quieren a sí mismos, y cuando ellos piensan que pueden tener éxito. Esto les ayuda a tener el valor necesario para tomar riesgos.

Cuando ellos no se quieren a sí mismos, ellos pierden su "auto-estimación." Ellos no creen que pueden tener éxito y se desaniman fácilmente. Sus vidas se llenan de temores y ansiedades y empiezan a comportarse mal. Los niños se aprecian a sí mismo cuando sus padres, y luego otros, le muestran que son dignos de cariño.

Ciclo de pensar - sentir - actuar

Cuando a un niño se le presenta un problema o una oportunidad (una "situación") empiezan a meditar y a pensar. Lo que el niño piensa causa un sentimiento. Sus pensamientos y sentimientos causan una acción. Esto tiene influencia en la situación que se le presente. A esto le llamamos el ciclo de pensar - sentir - actuar.

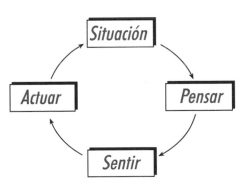

Cuando un niño con un alto concepto de sí mismo se enfrenta a un problema (o evento), su auto-estimación y valor estimulan su comportamiento positivamente. Esto causa que el niño se sienta motivado y tenga más éxito.

Ciclo del éxito

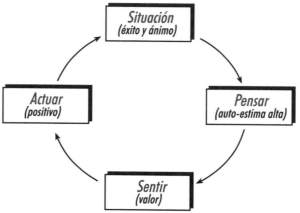

Este entusiasmo causa que el niño tenga una auto-estimación más alta y más valor. Esto le ayuda a decidir a comportarse mejor lo cual le traerá aún más éxito. Este niño está ahora en el "Ciclo del éxito."

También puede suceder lo contrario. Los niños que tienen una auto-estimación baja se desaniman pronto. Buscando atención, ellos usualmente deciden comportarse mal lo cuál conduce al fracaso y a veces al castigo. Esto hace que su auto-estima sea aún más baja. Estos niños se encuentran en un "Ciclo del fracaso."

Ciclo del fracaso

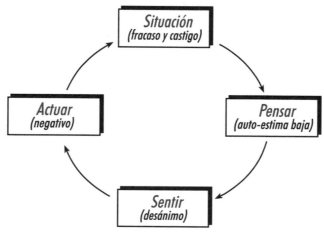

Su niño necesita el valor y la auto-estima

El niño que se comporta "mal" no tiene valor. ¿Por qué? Tal vez porque nadie les presta atención. Tal vez a nadie le importa lo que él haga. Tal vez su niño tiene una auto-estimación baja. ¿Les está diciendo a sus niños que ellos no tienen importancia para usted? ¿Los están ignorando? Veamos cómo algunos padres roban, sin darse cuenta, el valor y la auto-estima de sus hijos:

1. Se concentran en los errores.

("Mi hijo no puede hacer nada bien.") ¿Por qué es tan difícil para su hijo hacer las cosas bien? Tal vez sea porque usted no nota las cosas "buenas" que él hace o tal vez porque la única vez que usted le pone atención a su hijo es cuando él "se comporta mal."

Por ejemplo:

"¡Mira lo que haz hecho! ¡Te dije que ibas a derramar la leche!"

"¿Cuándo vas a aprender a hacer las cosas bien? Haz hecho esto miles de veces y todavía no lo puedes hacer bien."

2. Siempre esperan lo peor.

("Mi hijo siempre se mete en problemas.") Si usted espera que su hijo haga algo malo, su hijo probablemente lo hará. Si usted espera que su hijo fracase, su hijo probablemente lo hará. Los niños saben cómo usted se siente a través de lo que usted hace y dice.

Por ejemplo:

"Más te vale que no saltes en la cama mientras estoy fuera."

"Vas a derramarlo si tratas de llevarlo tú mismo."

3. Esperan demasiado de sus hijos – Perfeccionismo.

("¿Por qué mi hijo no puede hacer las cosas mejor?") Si usted espera que su hijo haga más de lo que él es capaz de hacer, el niño dejará de tratar o de intentar. El sabe que nunca podrá satisfacerla. La única forma en que su hijo obtiene su atención es haciéndolo todo mal.

Por ejemplo:

"Mira a tu hermano. El siempre me ayuda en la casa sin quejarse. ¿Por qué y tú no puedes ser como él?"

"No hay ninguna razón por la cuál no puedes sacar buenas calificaciones en todas tus clases."

4. Esperan muy poco de sus hijos – la sobreprotección.

("Mis hijos se harán daño si yo no los cuido.") ¿Les ayuda usted siempre que ellos cometen un error? ¿Trata usted de resolver todos los problemas de sus hijos? Entonces ellos únicamente acudirán a usted cuando algo les sale mal. Ellos nunca aprenderán a enfrentar las cosas por sí solos. Siempre tendrán temor a la vida.

Por ejemplo:

"Deja que yo lo haga - así lo acabamos más rápido."

"Tú no debe estar haciendo eso. No eres capáz. Espera a que seas mayor."

Cuando los niños oyen a otras personas decir cosas negativas sobre ellos, ellos empiezan a creerlas. Ellos aprenden a tener sentimientos negativos. Esto causa que los niños no tengan valor y que se reduzca su auto-estimación.

Ofrézcale a su niño el valor y la auto-estima

En vez de humillar a nuestros hijos, nosotros podemos motivarlos. Esto desarrolla su valor y auto estima lo cual conduce a un mejor comportamiento. Cada una de las cuatro formas en que los podemos humillar se pueden convertir en cuatro formas de motivación.

Cómo humillar a sus hijos	Cómo motivar a sus hijos
1. Concentrarse en los errores	1. Concentrarse en las virtudes
2. Esperar siempre lo negativo	2. Demostrar la confianza en su hijo
3. Esperar demasiado (El perfeccionismo)	3. Demostrar su aceptación
4. Esperar muy poco (La sobreprotección)	4. Estimular la independencia

Estas son las formas de animar a sus hijos:

1. Concentrarse en las virtudes.

Hable acerca de las cosas que sus niños hacen bien. Así, ellos harán estas cosas más a menudo. Estas son algunas formas de hacerlo:

a. Póngale atención a su niño cuando está haciendo algo bien.

Ya sea una cosa simple y pequeña. Felicítelos. Déle las gracias por su ayuda. Cada vez que usted note que hicieron algo bien y lo reconoce, usted les está dando importancia.

Por ejemplo:

"Nos divertimos durante la cena de hoy. Eres un niño con muy buenos modales. Iremos a comer juntos otra vez muy pronto."

"Me gustó mucho la forma en que compartiste tu naranja con José."

"Gracias por ayudarme a secar los platos."

b. Observe cómo sus hijos mejoran poco a poco.

No espere que sean perfectos. Recuerde, un bebé debe aprender a gatear antes de poder caminar. Su niño aprenderá las cosas dando pequeños pasos. Felicítelo por cada paso que de. Su niño se esfuerza mucho para completar cada paso. Cuando usted lo felicita, le es más fácil aprender el próximo paso. No se dé por vencido, aún si su niño fracasa.

Por ejemplo:

"Tu lectura está mejorando mucho. Puedo ver la diferencia."

"De verdad que estás haciendo un gran esfuerzo."

c. Observe lo que su niño ya está haciendo bien. Continue animándolo.
Añade un paso más. Déle apoyo a su niño hasta que aprenda el nuevo paso.
Gradualmente, continue añadiendo pasos nuevos. Con su motivación, su niño
querrá aprender más y más.

Por ejemplo:

*"Hiciste un buen trabajo poniéndote tu camisa. Ahora aprenderemos a
abotonarla."*

"¡Qué bien! Cada vez este cuarto se ve más ordenado."

2. Demostrar la confianza en su hijo.

En vez de buscar los errores en su hijo, ayúdele a reconocer y a valorizar lo
mejor de su personalidad.

a. Déle a su niño algo que hacer y espere que lo haga bien.

Por ejemplo:

*"Quisiera que te encargaras de
poner la mesa para la cena. Te
enseñaré cómo y estoy segura que
lo podrás hacer sóla después."*

*"Haz hecho un gran trabajo
ayudándome a tender tu cama.
Mañana dejo que tú la tiendas
sólo."*

**b. Pregúnteles a sus hijos acerca de
sus pensamientos y opiniones.**
¿Saben ellos hacer algo muy bien? ¿Saben mucho sobre autos y música?
Pregúnteles su opinión sobre temas diferentes. Esto les ayudará a sentirse
orgullosos de sí mismos.

Por ejemplo:

"Me gusta mucho ese juego que te dieron para tu cumpleaños. ¿Quieres enseñarme a jugar?"

"¿Cómo evitamos que éstos juguetes no se rompan?"

c. **Trate de no hacer demasiadas cosas por su hijo.**

Recuerde, él se dará cuenta que hay cosas que son difíciles de hacer. Puede que usted lo pueda hacer más rápido o que a usted le dé lástima. Pero hacer las cosas por su hijo no lo ayudará.

Por ejemplo:

Juan tiene 3 años y la mamá aún le da de comer en la boca. El riega toda su comida cuando trata de comer sólo. Es más rápido y más fácil que la mamá lo alimente. Tal vez algún día él aprendará a comer apropiadamente.

Cuando usted ofrece mucha ayuda, su hijo pensará que él no puede hacer las cosas por sí mismo. ¿Qué ocurre? La próxima vez que él intente hacer algo que es muy difícil, él se dará por vencido rápidamente. El dejará que la mamá haga todo por él.

Qué puede decir para ayudar a su niño:

"Sigue tratanto. Yo se que tú lo puedes hacer. Sigue tratando un poco más y lo vas a lograr."

3. Demostrar su aceptación.

Los niños necesitan sentirse importantes. Ellos también deben crecer apreciándose a sí mismos. Usted debe demostrarles su amor, sin importar lo que ellos hagan o digan. Aún cuando ellos hagan las cosas mal, ellos aún son niños buenos. Estas son algunas formas en que usted les puede decir cómo se siente.

a. **Si su niño saca una buena calificación en la escuela o si gana un premio.**

¿Son esos los únicos momentos cuando usted le demuestra su amor? El ganarse un premio no tiene nada que ver con su amor por su hijo. Es mejor estar orgulloso de él o de ella por haber tratado de hacer algo.

Por ejemplo:

"No es más importante que ganes el juego, sino que juegues bien."

"Me alegra ver que disfrutas el aprender cosas nuevas."

b. No hay niños malos.

A veces los niños sólo actúan mal. Cuando hable con su niño, hable sobre su comportamiento. Usted quiere a su hijo, aún cuando comete errores. Pero tal vez su niño no lo sepa. Puede que piense que él es malo porque "se comportó mal." Usted le debe enseñar la forma correcta de pensar.

Por ejemplo:

"Cuando me enojo contigo no quiere decir que no te quiero. Sólo significa que hiciste algo que no me gustó."

"Veo que cometiste un error. Veamos que puedes aprender de ese error."

c. Cada niño es especial.

¿Cómo le puede demostrar a su hijo que es especial? Tenga interés en las cosas que le gusten al niño. Demuéstrele cómo se siente por medio de sus acciones y sus palabras. Quiéralo por su forma de ser.

Por ejemplo:

"Eres un niño increíble, ¿Lo sabes?"

"Me gusta mucho como eres."

4. Estimular la independencia.

Los niños deben aprender a hacer ciertas cosas por sí mismos. Ellos no pueden esperar que otras personas los ayuden todo el tiempo. Ellos necesitan:

- ❒ aprender a hacer las cosas que pueden hacer
- ❒ aprender a pedir ayuda cuando la necesitan
- ❒ aprender a ayudar cuando alguien los necesita

a. Permita que los niños hagan ciertas cosas por sí solos.

Los niños aprenden a controlar sus vidas poco a poco. Ellos aprenden a estimarse a sí mismos. Permítales que aprendan lo que ellos puedan según su capacidad. No los presione. Dígales que usted los ayudará si lo necesitan. Sus hijos aprenderán a ser independientes cuando usted les ofrezca varias alternativas.

Por ejemplo:

"¿Te gustaría comer cereal o tostada para el desayuno?"

"¿Podrías planear el menú de la cena esta semana?"

b. Los niños deben aprender que ellos son parte de la familia.

Mientras crecen, ellos también aprenderan que son parte de este mundo. Puede ser muy divertido ser parte de un grupo donde todos conviven y colaboran juntos.

Por ejemplo:

"¿Quieres hacer galletas con nosotros?"

"Vamos todos a comer afuera y tú vienes también."

Ayude a que sus niños vean todas las posibilidades. En la sociedad de hoy, no hay ningún sueño que sea demasiado grande para ellos. Anímelos a desarrollar sus talentos. Anímelos a soñar en el futuro. Y no importa si tiene niños o niñas ya que todos pueden tener éxito. Las niñas pueden llegar a ser doctoras y pilotos como los niños. Los niños pueden llegar a ser enfermeros y maestros. No hay sueño imposible para sus hijos con tal de que ellos se esfuercen en hacerlo realidad.

Actividad para el enriquecimiento familiar: Tomando unos momentos para divertirse

Es muy importante tomar unos momentos para divertirse con sus hijos. Esto ayuda a edificar la confianza que tienen el uno con el otro. Esto le ayuda a su niño a darse cuenta que usted lo quiere mucho. También hace que la disciplina sea más fácil. Usted puede pasar 5 minutos o una hora con su hijo. Estas son algunas cosas que puede hacer con su hijo:

1. Lean un cuento.

2. Jueguen a la pelota.

3. Armen un rompecabezas.

4. Canten una canción.

5. Hagan palomitas de maíz.

6. Abrácense, acaríciense, o persíganse por toda la casa.

Cómo divertirse al máximo:

1. Encuentre cosas que a los dos les guste hacer.

2. Pregúnteles a sus niños qué quieren hacer.

3. No humille a sus hijos. Olvídese de sus problemas.
   Simplemente diviértanse juntos.

Mantenga una lista de las cosas divertidas que a usted le gusta hacer con sus hijos. Recuerde, usted puede pasar 5 minutos, 1 hora, o todo el día con ellos.

Las actividades en casa

1. Leer el Primer capítulo de su *Guía para los padres*. Si desea, por favor lea el material en las sesiones siguientes.

2. Completar la Actividad para el enriquecimiento familiar: Tomando unos momentos para divertirse en la página 16 y completar la hoja de actividades en la página siguiente.

3. Practicar dándole opciones a sus niños esta semana y completar la hoja de actividades sobre las alternativas que se encuentran en la página 19.

Compartiendo la diversión con sus hijos

Trate de organizar algunas actividades con cada niño, como también algunas actividades en grupo.

Nombre del niño #1 _____

¿Qué hicieron? _____

_____

¿Cómo les fué? _____

_____

_____

Nombre del niño #2 _____

¿Qué hicieron? _____

_____

¿Cómo les fué? _____

_____

_____

Nombre del niño #3 _____

¿Qué hicieron? _____

_____

¿Cómo les fué? _____

_____

_____

**Tome un momento
para divertirse.**

La actividad de las alternativas

Estas son las alternativas que le puedo dar a mi hijo esta semana:

Nombre del niño #1 _____

Alternativa_____

_____

¿Qué pasó? _____

_____

_____

_____

Nombre del niño #2 _____

Alternativa_____

_____

¿Qué pasó? _____

_____

_____

_____

Nombre del niño #3 _____

Alternativa_____

_____

¿Qué pasó? _____

_____

_____

_____

Desarrollando la actividad de las virtudes

Todos tenemos virtudes que nos ayudan a sobrevivir en esta sociedad democrática. Piense y anote las virtudes que hay en su familia y escriba también el nombre de sus hijos (y el de su esposo/a si está casado/a).

ACEPTANDO

Una de las cosas que a las personas les gusta de mí es _____

_____

Una de las cosas que me gusta de _____es _____

Una de las cosas que me gusta de _____es _____

APRENDIENDO

Algo que estoy aprendiendo es _____

Una cosa que _____ está aprendiendo es _____

Una cosa que _____ está aprendiendo es _____

CONTRIBUYENDO

Una forma en que yo contribuyo con mi familia es _____

_____

Una forma en que _____ contribuye con nuestra familia es _____

Una forma en que _____contribuye con nuestra familia es _____

OTRAS VIRTUDES

Otra virtud que tengo es _____

Otra virtud que _____tiene es _____

Otra virtud que _____tiene es _____

Una carta sobre el "trabajo bien hecho"

Es muy importante decirle a su hijo cosas que lo animan y motivan. Pero usted también lo puede escribir en una carta. De esa forma sus hijos podrán mantener esas palabras junto a ellos siempre.

Escríbale una carta a uno o a todos sus hijos.

Consejos:

- ❏ Escriba sobre la manera en que ellos han mejorado.

- ❏ Sea honesto - no les diga a sus hijos que han mejorado si no lo han hecho.

- ❏ Escriba las cosas que han hecho bien.

- ❏ Dígales cuanto le han ayudado a usted y a otras personas.

Por ejemplo:

> Querido Juan:
>
> Estábamos pasando cerca de tu cuarto esta mañana. Vimos que tendiste tu cama sin habertelo pedido. Estamos muy contentos de que mantengas tu cama arreglada. Todos queremos que nuestra casa sea un lugar especial para vivir. Te agradecemos mucho tu ayuda.
> Gracias,
>
> Mami y Papi

Tabla sobre el ánimo y la motivación

Practique usando palabras que animan a su hijo ésta semana. Para ayudarle a reconocer los momentos cuando usted anima y motiva a su hijo, use las líneas de abajo para escribir las palabras que utilizó.

Nombre del niño	Día	Palabras que le dieron ánimo
_____	_____	_____
_____	_____	_____
_____	_____	_____

Práctica con el video #1

Veamos las cuatro escenas del video. Imagínese que usted es el niño. ¿Qué pensaría, sentiría y haría en ésta situación?

Primera escena: Raúl y el cereal

¿Qué pensaría si usted fuese este niño? _____

¿Cómo se sentiría si usted fuese este niño? _____

¿Qué haría si usted fuese este niño? _____

Segunda escena: Raúl y el cereal

¿Qué pensaría si usted fuese este niño? _____

¿Cómo se sentiría si usted fuese este niño? _____

_____

_____

¿Qué haría si usted fuese este niño? _____

_____

_____

Tercera escena: Claudia y su tarea

¿Qué pensaría si usted fuese esta niña? _____

_____

_____

¿Cómo se sentiría si usted fuese esta niña? _____

_____

_____

¿Qué haría si usted fuese esta niña? _____

_____

_____

Cuarta escena: Claudia y su tarea

¿Qué pensaría si usted fuese esta niña? _____

_____

_____

¿Cómo se sentiría si usted fuese esta niña? _____

_____

_____

¿Qué haría si usted fuese esta niña? _____

_____

_____

Desarrollando la Responsabilidad: La Disciplina

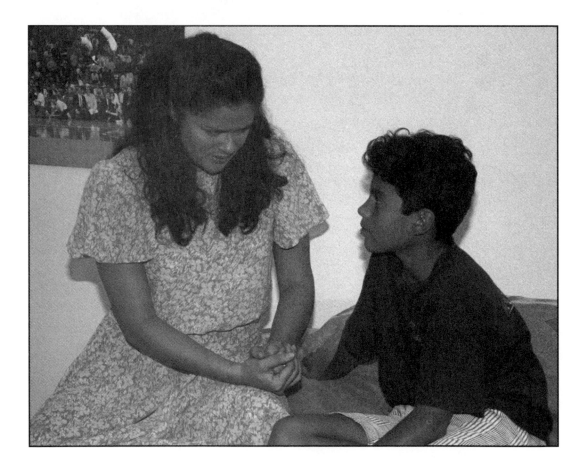

capítulo dos

Entendiendo a su hijo

A veces es difícil entender a sus hijos. Alguna vez sus padres les dijeron:

- ❑ "¡No te entiendo!"
- ❑ "¿Por qué haces éstas cosas?"
- ❑ "¿En qué me equivoqué?"

Ellos simplemente les decían que no entendían su forma de actuar. Cuando logramos entender la razón por la cual nuestros hijos se comportan como lo hacen, tenemos una mejor oportunidad de guiarlos y apoyarlos. Veamos cómo y por qué nuestros hijos actuan de cierta manera.

¿Qué necesitan los niños?

Estas son cuatro de las metas básicas que los niños necesitan alcanzar todos los días. Estas son conocidas como las metas de su comportamiento.

Contacto
(La **meta** de ser aceptado)

Poder
(la **meta** de controlar sus vidas)

Protección
(la **meta** de sentirse seguros)

Descanso
(la **meta** de descansar y calmarse)

1. Contacto.

Todos tenemos la necesidad de sentir, hablar y ser aceptados por otros seres humanos. Esto empieza cuando somos bebés. Cuando crecemos, la **necesidad** o la meta aún está presente. Aún siendo adultos, nosotros sentimos, hablamos, y llamamos la atención. Por eso formamos parte de grupos sociales, vamos a fiestas, nos casamos y tenemos amigos. Un niño tiene esta misma necesidad. Los padres deben asegurarse de que los niños obtengan suficiente contacto físico para que no se sientan sólos. Esto les ayuda a desarrollar su valor y su auto-estima.

2. Poder.

Todos queremos que todo nos salga de nuestra manera. Queremos tener el poder de hacer que las cosas ocurran. La mejor forma en que podemos obtener poder es por medio de nuestro aprendizaje. Mientras más sepamos, más poder tendremos. Queremos que nuestros niños sean fuertes para que puedan controlar sus vidas. Ellos serán más fuertes aprendiendo acerca del mundo en que viven.

3. Protección.

Todos queremos sentirnos seguros en nuestras familias y en el mundo. Nuestros hijos no deben tenerle miedo a ninguna persona en la familia. Ellos no deben sentir temor de sus vecinos y ni de sus amigos. Una importante función del padre es la de ayudar a los niños a sentirse seguros y protegidos.

4. Descanso.

Debemos tomar unos momentos cada día para descansar y calmarnos. Los niños tienen mucha energía. Esta energía permite que jueguen y estén activos todo el día. Ellos necesitan tomarse el tiempo necesario para calmarse. Esto les permitirá tener la oportunidad de pensar y entenderse mejor a sí mismos.

Portándose "bien" y portándose "mal"

Los niños pueden llegar a estas cuatro metas usando comportamientos positivos o negativos. Nosotros creemos que no hay niños malos. Hay niños que no se estiman a sí mismos. La forma en que su niño se siente acerca de sí mismo afecta la forma en que él actúa.

La meta del niño	La forma positiva de llegar a la meta	La forma negativa de llegar a la meta
El contacto	La contribución	Estar siempre llamando la atención
El poder	La independencia	La rebelión
La protección	Reafirmación personal; Ser perdonado	La venganza
Retirarse	Concentrarse	Alejarse de todos sin razón

Qué hacer cuando un niño se comporta "mal"

Su niño hace algo que a usted no le gusta. Pregúntese a sí misma "¿Por qué él está haciendo eso? ¿Qué es lo que quiere?" Ahora piense en la forma en que usted se siente. ¿Se siente molesta, enojada, herida, o indefensa? Estas son algunas cosas que puede hacer cuando su niño se porta "mal."

La meta del niño para establecer contacto a través del mal comportamiento:
Los niños quieren ser aceptados. Si se les ignora, se sienten solos y temerosos. A veces, su niño trata de obtener su atención en un momento inapropiado o haciendo cosas que son "malas." El niño está molestando mucho. Usted se molesta. Tal vez usted lo regañe o lo castigue. Esto le da a su niño lo que necesita: Contacto. Tal vez deje de portarse mal por un momento. Pero pronto intentará hacerlo de nuevo.

Qué puede hacer?: Déle más atención a su niño en diferentes ocasiones. Actúe más y hable menos.

Por ejemplo.

La mamá de Juan estaba muy ocupada en la cocina. De repente ella oyó un ruido como un choque. Juan había roto una planta que estaba en la sala. Juan estaba tratando de llamar la atención de la mamá. El sabía que ella iba a venir corriendo al oir semejante ruido. La Madre le pidió a Juan que limpiara todo. Esa misma noche ella pasó una hora junto a Juan. Le habló, jugó con él y le dió muchos abrazos.

La meta del niño parar obtener poder a través del mal comportamiento: Los niños se sienten indefensos cuando se les dice qué hacer todo el tiempo. Lo cual quiere decir que ellos sienten que no pueden hacer que las cosas ocurran. Ellos sienten que no son aceptados. Entonces cuando el padre le dice al niño que haga una cosa, el niño hace otra. El padre se enoja. El niño se porta peor aún. El padre y el niño están ahora en una "lucha por controlar la situación."

Qué puede hacer?: Usted debe alejarse de la situación. Usted y su niño necesitan calmarse. No peleen y no se den por vencidos. Espere hasta que los dos esten calmados para hablar con su hijo.

Por ejemplo:

Se le dijo a Sally que estuviera en casa a las 5 de la tarde. Ella llegó a las 6:30 de la tarde. Su padre se enojó y le preguntó dónde estaba. Sally le dijo que ese no era asunto suyo. El padre de Sally le dijo que mañana debía venir a la casa directamente después de la escuela. Sally corrió hacia su cuarto y tiró la puerta. Esa noche, el padre le habló a Sally sobre su comportamiento.

La meta del niño para sentirse protegido a través del mal comportamiento: Su niña puede estar sintiéndose herida o temerosa. Ella quiere hacerle saber que usted le hizo daño. Ella quiere que usted sepa que no se siente protegida. Una forma en que ella le puede demostrar eso es haciéndole daño a usted. Entonces usted también se siente herido. La niña observa esto y sigue tratando de herirlo.

Qué puede hacer?: No le demuestre que está herido o enojado. Demuéstrele su amor. No trate de hacerle daño porque ella le hizo daño a usted.

Por ejemplo:

María y su mamá tuvieron una discusión anoche. En la mañana, María le dijo a su Madre: "Te odio. Solo quiero a mi papá. No te quiero a tí." La Madre de María casi empezó a llorar. Ella sintió el deseo de decirle algo hiriente a su hija. En vez de hacerlo, ella le dijo a María que la quiere mucho. Más tarde, ella habló con María sobre lo que ocurrió.

La meta del niño para retirarse a través del mal comportamiento: ¿Pasa su niño mucho tiempo solo en su cuarto? ¿Disfruta su niño de momentos con los otros miembros de familia? ¿Siempre dice, 'déjame sólo'? ¿Tiene miedo de tratar de hacer cosas nuevas? Su niño no siente que es lo suficientemente bueno. El siente que no puede hacer nada bien. Usted se siente indefensa. Usted no sabe qué hacer. Usted trata de hablar con su hijo. El no quiere hablar. El no quiere hacer nada. El solamente quiere estar solo.

Qué puede hacer?: Tenga paciencia; continúe tratando de hablar con su hijo; sea cariñosa. Averigüe qué le gusta hacer a su hijo y entonces trate de conseguir que él lo haga. Ayúdele a identificarse con las cosas que él hace bien y entonces anímelo a desarrollar esas virtudes.

Por ejemplo:

Todos los días, Marco viene de la escuela y va derecho a su cuarto. El solamente sale del cuarto para comer y para ver televisión. Cuando el padre de Marco le pregunta cómo le fue en la escuela, el niño le dice, "Bien." El padre de Marco le pregunta si quiere jugar a la pelota en el patio. Marco le dice que no. Entonces el padre le pregunta a Marco si quiere ir al cine. Marco le dice, "déjame en paz." Marco se va a su cuarto y tira la puerta. El padre no se da por vencido. El sabe que a Marco le encantan los autos antiguos. Marco tiene fotografías de autos antiguos en todo su cuarto. El padre de Marco le pregunta si quiere ir a una exhibición de autos antiguos.

Los padres y la ira

Algunas personas dicen que la ira es natural. Pero la ira también puede herir a nuestros semejantes. La ira puede hacer que digamos y hagamos cosas que hacen daño.

¿Cómo podemos usar la ira de una mejor forma?
A veces queremos en verdad conseguir algo. Pero no siempre lo obtenemos. Entonces nos enojamos. Nuestra ira nos dice:

"¡Actúa! No te quedes allí parado. Levántate y haz algo."

Si actuamos en ese momento, antes de que explotemos, podremos resolver el problema. Esto evita que el problema se empeore.

¿Cómo podemos usar nuestra ira?
Podemos usarla de tres maneras:

1. Tratar de cambiar lo que está pasando.

Por ejemplo:

Usted le ha dicho a su hijo que lo llame si va a llegar tarde. Cuando él no llama o llega una hora más tarde, usted se enoja. Dígale como se siente usted acerca de la forma en que él actuó. Dígale lo que a usted le gustaría que él hiciera.

"Cuando no me llamas me preocupo y me enojo. Estuvimos de acuerdo en que me ibas a llamar si ibas a llegar tarde. Por favor cumple tus promesas."

El enojarse y el gritarle al niño no va a cambiar su comportamiento. Usted le ayudará hablándole calmadamente y firmemente. En el próximo capítulo aprenderemos sobre otros métodos de disciplina que también pueden ayudarlo mucho.

2. ¿Qué lo hizo enojarse tanto?

No le dé tanta importancia.

Por ejemplo:

Su niño no se quiere bañar. Tal vez el bañarse todos los días no es tan importante mientras que uno este razonablemente limpio. El hecho que usted y su hijo estén contentos el uno con el otro tal vez sea más importante.

3. Cambie lo que quiere.

Por ejemplo:

Hable con su niño. Dígale lo que quiere. Averigüe lo que su niño quiere. Entonces decidan algo que ustedes dos puedan aceptar.

Ayudándo a los niños a utilizar su ira

Los niños usualmente demuestran su ira gritando, llorando y pegándole a otros. ¿Cómo puede enseñarles a utilizar esta ira de una mejor forma?

1. Déles un buen ejemplo.

Cuando usted se enoja usted:

- ❏ ¿Grita?
- ❏ ¿Dice cosas que hacen daño?
- ❏ ¿Le pega a alguien?
- ❏ ¿Se molesta y se queda callado?

Si usted lo hace, su niño hará lo mismo. Usted le puede demostrar la mejor forma de comportarse por medio de sus acciones como padre. Usted también puede tener una conversación con él sobre esto.

Por ejemplo:

"Tú tienes derecho de sentirte enojado. Pero en nuestra familia no gritamos ni culpamos a otras personas. Nosotros tratamos de encontrar la forma de mejorar las cosas."

"Veo que estas muy enojado. ¿Me puedes decir qué te molesta usando tus palabras en vez de pegarme?

2. No pelee y no se dé por vencido.

A veces es mejor alejarse de ellos por un momento. Cuando usted no está allí, ellos no tienen con quién pelear. Pero no se dé por vencido y no les de lo que ellos quieren. Ellos pronto encontrarán otra forma de obtener lo deseado. Ellos aprenderán que no obtendrán nada usando la ira contra otros.

Por ejemplo:

Su niño le pide una galleta antes de comer la cena. Usted le ha explicado que debe esperarse hasta después de la cena para comer las galletas. El niño empieza a llorar y se tira al piso gritando. Usted se va del cuarto hasta que se calme.

3. Déle una alternativa a su hijo.

Por ejemplo:

Después de 5 minutos, su hijo todavía está gritando pidiendo una galleta. ¿Qué puede hacer? Déle una alternativa: El puede dejar de gritar y comer una galleta después de la cena o puede continuar gritando y no comer ninguna galleta.

4. Déle a sus hijos la oportunidad de decir lo que quieren.

Pídales su opinión antes de tomar una decisión. Ellos se sentirán que tienen más poder y más control y que ellos le importan a usted.

Por ejemplo:

¿Su niño molesta mucho cuando van a la tienda? O dígale que puede escoger el cereal y la fruta. Escuche sus ideas. Pregúntele por qué escogió esa fruta o ese cereal. Dígale que sus ideas son importantes para usted.

El ayudar a que su niño controle su ira no sólo es bueno para la familia, sino que también puede salvar a su niño de peligros en el futuro. Mucha de la violencia que existe hoy en nuestro mundo ocurre porque las personas no saben controlar su ira efectivamente. Por lo tanto las lecciones que les enseñamos a nuestros hijos sobre la ira no sólo son importantes sino que también son decisivas en su vida.

¿Qué significa la responsabilidad?

Alejandro tenía 27 años. El nunca había trabajado en su vida. Sus padres siempre lo cuidaban. Ellos le daban dinero y un lugar donde vivir. Un día sus padres le dijeron que tenía que encontrar trabajo o sino tenía que irse de la casa. Después de 10 semanas, Alejandro aún no tenía un trabajo. Cuando sus padres empezaron a empacar su maleta, Alejandro se asustó. El nunca aprendió a hacer las cosas por sí mismo. ¿Como podría encontrar un trabajo? Su padre le ayudó como siempre. El padre llamó a un amigo quien le dió un trabajo manejando un camión de basura. Las horas de trabajo y el salario eran buenos.

Un día, Alejandro chocó el camión. El retrocedió hacia una zanja donde el camión se volteó. Cuando su jefe le preguntó por qué lo había hecho, Alejandro respondió "Porque nadie me dijo que no lo hiciera."

La responsabilidad significa: Cuando tomamos las decisiones, debemos estar preparados para vivir con los resultados de esas acciones. Algunas decisiones que tomamos todos los días son:

- ❏ ¿Lavamos nuestra ropa o nos la ponemos sucia?
- ❏ ¿Nos cepillamos los dientes o los dejamos sucios?
- ❏ ¿Comemos frutas y vegetales o comida grasosa?

Algo ocurre cada vez que tomamos una decisión. Las cosas que ocurren se llaman **consecuencias.**

Por ejemplo:

Si usted se viste con ropa limpia, las ***consecuencias*** *serán que:*

- ❏ *usted lucirá muy bien*
- ❏ *las personas van a querer estar a su alrededor*
- ❏ *las personas le dirán lo bien que luce*

Si usted se viste con ropa sucia, las ***consecuencias*** *serán que:*

- ❏ *usted no va a lucir muy bien*
- ❏ *algunas personas no van a querer estar a su alrededor*
- ❏ *algunas personas se burlarán de la forma en que usted luce*

Si usted se cepilla los dientes todos los días, las ***consecuencias*** *serán que:*

- ❏ *tendrá buen aliento*
- ❏ *sus dientes se verán blancos y limpios*
- ❏ *sus dientes se mantendrán saludables*
- ❏ *no tendrá que ir al dentista tan a menudo*

Si usted no se cepilla los dientes todos los días, las ***consecuencias*** *serán que:*

- ❏ *tendrá mal aliento*
- ❏ *sus dientes lucirán amarillos y podridos*
- ❏ *sus dientes se empezarán a caer*

Por consiguiente, algo ocurre cada vez que usted toma una decisión. No es bueno culpar a otras personas por lo que a usted le pasa. Usted permitió que ocurriera por medio de sus acciones. Usted no puede culpar al dentista porque se le cayeron los dientes. Usted tomó la decisión de no cepillárselos.

Pero debemos recordar que todos cometemos errores. ¿Qué pasa si escogemos la alternativa equivocada? Esta bien, con tal de que podamos admitir que hemos cometido un error. Nosotros podemos aprender de nuestros errores. Podemos aprender a hacer las cosas de una manera diferente y mejor la próxima vez.

Cuando los niños cometen errores o se comportan mal

Nuestros hijos cometerán errores mientras crecen. Al igual que se comportarán mal. Debemos tener cuidado de no culparlos o castigarlos duramente por medio de:

- ❏ regaños
- ❏ actuando como si no los quisieramos
- ❏ pegándoles

Puede que estas cosas hagan que los niños se porten bien por un momento. Pero estas cosas hieren su auto-estimación y su valor y hacen que se comporten aún peor más adelante.

El abuso de los niños

También debemos tener mucho cuidado de no abusar de nuestros hijos. El abuso de los niños ocurre cuando un padre le hace daño al cuerpo o a la mente de un niño. En los Estados Unidos y en muchos otros países esto es un crimen. Los padres que abusan de los niños pueden perder la custodia y derechos como padres y pueden ser encarcelados.

Ejemplos de abuso de los niños:

- ❏ pegándole a un niño (más que una simple palmada)
- ❏ sacudiendo a un niño (especialmente con niños más pequeños)
- ❏ hiriendo a un niño usando la disciplina
- ❏ diciendo cosas que hacen daño como "No eres bueno" o "Te odio" o "Deseo que nunca hubieras nacido"

En vez de hacer estas cosas podemos utilizar la disciplina combinada con nuestras enseñanzas. En este capítulo aprenderemos métodos de disciplina que les enseñarán a su niño a comportarse responsablemente...sin lastimarlo. También podemos:

- ❑ mostrarle al niño lo que hizo mal
- ❑ explicarle que lo que ocurrió (las consecuencias) fué como resultado de lo que él hizo
- ❑ explicarle que cuando hay buenas consecuencias, él ha aprendido a hacer cosas buenas
- ❑ decirle que cuando las consecuencias no son placenteras, él debe aprender a tomar una decisión mejor la próxima vez

Su niño debe tener la libertad de tomar sus propias decisiones para que pueda aprender. Permítale a su niño tomar sus decisiones—pero estableciendo ciertos límites.

Por ejemplo:

Un niño de 2 a 5 años de edad:

"¿Quieres que te lea un cuento o quieres escuchar una canción?"

"¿Quieres tender tu cama sólo o quieres mi ayuda?"

"¿Quisieras carne o pollo en tu emparedado?"

Un niño de 6 a 12 años de edad:

"¿Me quieres acompañar a hacer las compras?"

"¿Quieres que hagamos un picnic en el parque o una barbacoa éste sábado o quieres ir al cine?"

"Te puedes levantar solo en las mañanas. Entonces creemos que puedes decidir cuándo te debes ir a dormir."

Pero—no haga que todo sea una alternativa. Los niños necesitan que los padres les ayuden a tomar decisiones firmes pero calmadas.

¿Cómo resolver los problemas?

¿A quién le pertenece el problema?

Cuando hay un problema en la familia, el primer paso es preguntar "¿A quién le pertenece el problema?" No todos los problemas "pertenecen" al padre. Cuando el problema le pertenece a su niño, permítale decidir cómo él quiere resolverlo. Estas son algunas claves que le pueden indicar a quién pertenece el problema:

- ❑ ¿A quién le afecta directamente el problema?
- ❑ ¿Quién presenta el asunto o se queja de la situación?
- ❑ ¿De quién son las metas que están siendo obstruídas?

Por ejemplo:

Los niños hacen mucho ruido en el restaurante. Este problema es del padre. ¿Por qué? Porque el padre está comiendo en un lugar público. Los niños están molestando al padre y a las otras personas que están en el restaurante.

Por ejemplo:

Su niña se queja de que la hermana se puso su suéter sin pedirle permiso. Este problema es de la niña porque ella es la que está enojada por el problema y es la que va a sufrir las consecuencias.

Un modelo para la resolución de los problemas

Este modelo le enseñará a usar los métodos de disciplina efectivos para resolver sus problemas. Aprenderemos más sobre estos métodos en el próximo capítulo. Este modelo también le ayudará a aprender a apoyar a su niño cuando el problema le pertenece a él. Aprenderemos esas técnicas en el Tercer capítulo.

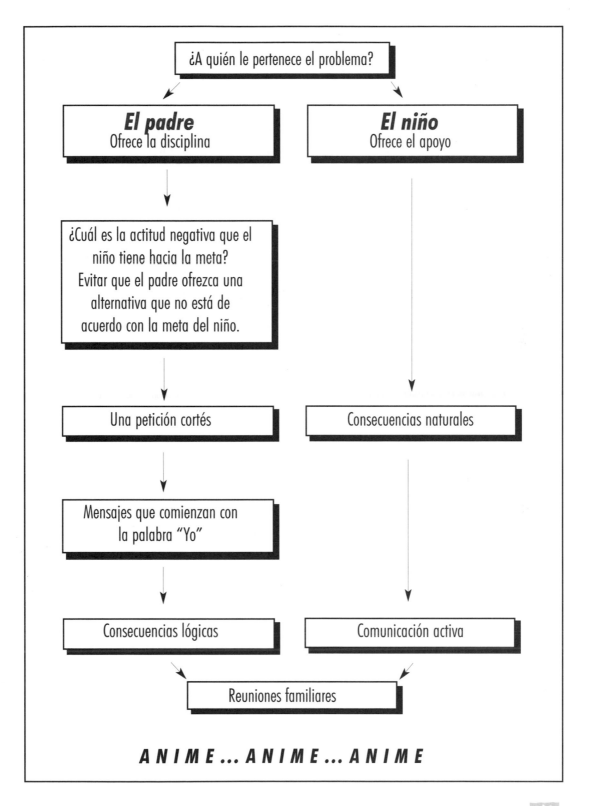

¿A quién le pertenece el problema?

El padre
Ofrece la disciplina

El niño
Ofrece el apoyo

¿Cuál es la actitud negativa que el niño tiene hacia la meta? Evitar que el padre ofrezca una alternativa que no está de acuerdo con la meta del niño.

Una petición cortés

Consecuencias naturales

Mensajes que comienzan con la palabra "Yo"

Consecuencias lógicas

Comunicación activa

Reuniones familiares

A N I M E ... A N I M E ... A N I M E

37

Cuando el problema
le pertenece a usted

Pida cordialmente lo que usted quiere

Los padres no necesitan ser "duros" siempre. Los niños pueden cambiar su comportamiento si se les pide cordialmente que lo hagan. La próxima vez que usted le pida a su hijo que haga algo, trate de hacerlo cariñosamente. Escuche su tono de voz y las cosas que usted le dice.

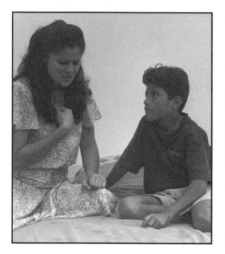

Por ejemplo:

"Me haces un favor mi amor. Trae los platos sucios al lavaplatos después de que acabes de comer."

Si su hijo hace lo que usted le pide, agradézcale su ayuda. ¿Qué pasa si a su niño se le olvida la próxima vez? Recuérdele lo que debe hacer de una forma amistosa y cariñosa.

Por ejemplo:

"Mi amor veo que te olvidaste poner los platos sucios en el lavaplatos. Por favor ven a ponerlos en su sitio."

¿Qué pasa si su niño decide no escuchar éstas peticiones cordiales? Entonces usted necesitará usar un mensaje más fuerte.

El mensaje que comienza
con la palabra "Yo"

El padre puede usar un mensaje que comience con la palabra "Yo." Veamos como funciona:

"Cuando tú haces ruido en el restaurante, yo me molesto mucho porque paso la mayoría de mi tiempo tratando de mantenerte quieto. Quisiera que no hablaras tan alto."

Esta es la forma de crear un mensaje que comienza con la palabra "Yo:"

Yo tengo un poblema con _____

Yo me siento _____

Porque _____

Yo quisiera que _____

Las consecuencias

Hay algunas consecuencias que ocurren aunque el padre no quiera que ocurran. Estas se llaman las consecuencias naturales. Algunas consecuencias naturales pueden enseñarnos buenas lecciones.

Por ejemplo:

Cuando un niño deja su bicicleta afuera en la lluvia, la cadena se oxida.

Cuando a un niño se le olvida ponerse el suéter, le da frío.

Permita que las consecuencias naturales le enseñen una lección al niño. No le diga "te lo dije." Hay algunas consecuencias naturales que causan mucho daño y que no se pueden usar para enseñar a sus hijos.

Por ejemplo:

Cuando un niño toca una plancha caliente, él se quemará.

Cuando un niño juega en una calle con mucho tráfico, corre el peligro de ser atropellado.

En estos casos, los padres pueden usar las consecuencias lógicas para enseñarles a los niños a comportarse correctamente. Estas consecuencias ocurren porque los padres hacen que ocurran. Si los mensajes que comienzan con la palabra "Yo" no funcionan, el próximo paso debe ser usar las consecuencias lógicas.

Por ejemplo:

¿Qué pasa si Daniel llega tarde a la cena? El tendrá que comer la cena fría solo. El tendrá que lavar sus propios platos.

¿Qué pasa si Susana no recoge sus juguetes? A ella no se le permitirá jugar con su juguetes favoritos, o no se le permitirá ver la televisión.

Los padres deben ser firmes y cordiales cuando usen las consecuencias lógicas.

Cómo usar las consecuencias lógicas para enseñarle al niño una lección

1. Déle al niño una alternativa acerca de lo que puede pasar.

Las alternativas de "O haces esto...O..."

"O te sientas en el comedor y comes calladamente o te vas a tu cuarto."

"O guardas tus juguetes o te los guardo por el resto de la semana."

Las alternativas de Cuando/Entonces:

"Cuando hayas terminado de hacer tu tarea, entonces puedes ver la televisión."

"Cuando hayas terminado tu cena, entonces puedes comer el postre."

"Tomás, cuando cortes el césped, entonces puedes irte a nadar."

La forma incorrecta de dar las alternativas

"Carmen, deja de hacer ruido o tendrás que irte a tu cuarto."

"Tomás no puedes irte a nadar hasta que no cortes el césped."

"No puedes ver la televisión hasta que no hagas la tarea."

2. Pídale ayuda a su niño al establecer las consecuencias.

Permita que los niños sean parte del proceso al establecer las consecuencias.

De esa manera usted tiene una mejor oportunidad de obtener su cooperación. Si el niño no ofrece ninguna sugerencia, usted debe ofrecer una. Es importante que usted le pida ayuda.

Por ejemplo:

"Carmen, todavía me molesta ver todos tus juguetes tirados por toda la sala. ¿Qué podemos hacer para corregir éste problema?"

3. Asegúrese de que la consecuencia sea lógica.

La consecuencia debe ser lógica para el niño. Las consecuencias deben estar conectadas con la forma en que el niño actuó. Si las consecuencias son lógicas para el niño, el aprenderá a cambiar su comportamiento. Si las consecuencias no son lógicas, el las verá como un castigo.

Por ejemplo:

Las consecuencias ilógicas:

"Ven a comer ahora o no puedes ver la televisión esta noche."

Las consecuencias lógicas:

"Ven a comer ahora o no vas a poder cenar con nosotros."

Las consecuencias ilógicas:

"Juega tranquilo mientras yo trabajo o no te llevo al cine."

Las consecuencias lógicas:

"Juega callado mientra yo termino mi trabajo. Si termino todo hoy te puedo llevar al cine."

Las consecuencias ilógicas:

"Dejen de pelear o les voy a pegar a los dos."

Las consecuencias lógicas:

"Dejen de pelear o se van a tener que ir a jugar en cuartos separados."

4. Ofrezca alternativas que usted mismo pueda aceptar.

Lo que funciona en una familia tal vez no funcione en otra. Usted como padre debe escoger las alternativas que son disponibles.

Por ejemplo:

Su niño se olvida de lavar los platos. Usted le puede decir:

"Si no lavas los platos, voy a tener que dejarlos en el fregador."

¿Qué pasa cuando no tienen más platos limpios que pueda usar? Trate de servir la próxima cena sin poner tenedores o cucharas en la mesa. Si esto va a resultar en que usted tenga más trabajo después, utilice otras alternativas.

5. Cuando hable, su voz debe ser firme y calmada.

No se enoje. No se sienta insegura de sí misma. Sea firme pero manténgase calmada. El tono de su voz debe decir: "Tuviste una alternativa. Tomaste una decisión. Entonces esto es lo que va a pasar. Tal vez no te guste la consecuencia. Pero tú tomaste la decisión. Yo aún te quiero. Yo estoy aquí para ayudarte a crecer y a madurar."

6. Ofrezca la alternativa una sola vez.

¡Después actúe! Su niño verá que una vez que él toma una decisión, la consecuencia será algo que le pertenece sólo a él. La consecuencia puede ser buena o mala. Depende de la decisión que el niño tome. Su niño sólo aprenderá una lección si usted hace lo que le dice que va a hacer.

Por ejemplo:

La madre dice, "Carmen, o juegas calladamente aquí en la sala o te vas a jugar sola en tu cuarto." Carmen sigue hablando y riéndose haciendo mucho ruido. La madre le dice, "Veo que has decidido jugar sola en tu cuarto. Adiós, te veo después."

Carmen no se va. La mamá le toma su mano firmemente pero sin hacerle daño y la lleva al cuarto. El llanto y los gritos de Carmen no deben cambiar la decisión de la Madre. Carmen entiende ahora lo que pasará si se le dan las mismas alternativas una vez más.

7. Cuente con que su niño ponga a prueba sus límites.

Usted le da alternativas a su hija, pero ella aún se comporta mal. ¿Por qué? Ella la está poniendo a prueba. ¿En verdad vas a dejar los platos sucios en el lavaplatos? Ella dejará de poner a prueba sus límites cuando se de cuenta de que usted de verdad <u>hará</u> lo que <u>dice</u> que va a hacer.

8. Déle a su niño otra oportunidad de portarse bien.

Usted quiere que su niño aprenda lo que ocurrirá debido a las consecuencias.

Por ejemplo:

La Madre llevó a Carmen a su cuarto a que jugara. Después de 10 minutos, la Mamá le pregunta si quiere salir del cuarto y volver a la sala. Carmen dice que si. La Madre dice, "Pareces haber decidido jugar calladamente."

Cuando Carmen regresa a la sala, ella no juega calladamente . La Madre debe estar preparada a aplicar las mismas consecuencias. Ella toma la mano de Carmen firmemente pero sin hacerle daño y la lleva otra vez al cuarto. Ella le dice a Carmen: "Veo que haz decidido jugar en tu cuarto en vez de jugar en la sala."

Permita que la niña sienta el efecto de la consecuencia un poco más. Déjela en el cuarto por 15 minutos en vez de 10. Si ella viene a la sala y sigue haciendo mucho ruido, debe aplicar la misma consecuencia. Debe llevarla otra vez al cuarto. Esta vez debe dejarla allí aún más tiempo. Poco a poco Carmen aprenderá una lección de las consecuencias y tomará una mejor decisión.

Recuerde

1. Dele una alternativa al niño.
2. Pídale ayuda al niño estableciendo las consecuencias.
3. Asegúrese de que la consecuencia sea lógica.
4. Ofrezca sólo las consecuencias que usted pueda aceptar.
5. Use un tono de voz que sea firme y calmado.
6. Dele una alternativa solamente una vez. ¡Entonces actúe!
7. Asuma que su niño pondrá a prueba sus límites.
8. Permita que su niño tenga otra oportunidad de portarse bien.

El respeto mutuo

A veces los padres se enojan y usan las consecuencias para castigar a sus hijos. Si usted lo hace, el niño no podrá aprender las lecciones que necesita aprender.

- ❐ No luzca enojado y no le hable al niño con un tono de voz fuerte
- ❐ Si es posible, háblele al niño sobre el problema. Pregúntele cuáles consecuencias él cree que se deben aplicar.
- ❐ Asegúrese de que las consecuencias sean lógicas. Juan no se cepilló los dientes. El padre le dijo que entonces no podía jugar con sus amiguitos por toda una semana. ¿Es ésta una consecuencia lógica? No, una consecuencia lógica sería que Juan no comiese confites por varios días.

Nosotros queremos que nuestros hijos nos respeten. Los padres deben aprender a respetar también. La mejor forma de ganarse el respeto es demostrándolo. ¿Cómo puede hacerlo? Escuche la forma en que usted le habla a sus hijos. ¿Qué tono de voz está usando? ¿Cómo reaccionan sus hijos a sus palabras? ¿Usted cree que ellos lo respetan a usted? ¿O están heridos, enojados o temerosos?

Trate a sus hijos de la misma forma en que quiere que ellos lo traten a usted. Hable con sus hijos de la misma forma en que usted quiere que ellos le hablen. ¿Quiere que ellos le digan esas cosas a usted? ¿Quiere que ellos le griten?

Demuéstrele a su hijo lo importante que él es para usted cuando lo trata con respeto.

Actividad para el enriquecimiento familiar: Las Enseñanzas

Una de las cosas más importantes que sus hijos pueden aprender es cómo cuidarse a sí mismos. Estos son algunos pasos que usted puede seguir para ayudarles a aprender:

1. **Ayude a su niño a querer aprender.** Dígale lo importante que su ayuda es para toda la familia.

   Por ejemplo:

   "La familia necesita que nos ayudes a doblar tu ropa."

2. **Escoja los momentos cuando usted no tenga prisa.** Puede que su niño haga las cosas despacio al principio y que cometa algunos errores. Vaya despacio y tenga paciencia.

3. **Demuéstrele al niño cómo hacer las cosas correctamente.** Hable despacio. Explique lo que usted está haciendo mientras lo hace.

   Por ejemplo:

   "Debes sostener el cepillo de dientes así."

4. **Deje que su niño lo intente.** No espere que su niño haga las cosas perfectamente la primera vez. Tenga paciencia con los errores cometidos. Felicítelo por las cosas que su niño hace bien. Su niño está aprendiendo cada vez que lo intenta hacer.

5. **Trabajen juntos.** Usted puede ayudarle por un corto tiempo después de que haya aprendido algo nuevo. Estos momentos son maravillosos para estar juntos.

6. **Anime a su niño.** Dígale que está haciéndolo muy bien.

   Por ejemplo: "Hiciste un gran esfuerzo en poner la mesa. Gracias."

7. **Dele alternativas a su niño.**

   Por ejemplo: "¿Quisieras poner la mesa o recoger los platos después de la cena?"

8. **Permita que sea divertido.** Prenda el radio, canten una canción, o haga que el aprendizaje sea como un juego.

Las actividades en casa

1. Lea el Segundo capítulo en su *Guía para los padres*. Si desea adelantarse y leer otros capítulos, por favor, hágalo.

2. Complete la Actividad para el enriquecimiento familiar: Las Enseñanzas, en la página 47.

3. Trate de usar un mensaje que comience con la palabra "Yo" y complete la guía en la página 50.

4. Hable acerca de un problema que esté teniendo con su hijo. Practique usando las consecuencias lógicas y complete la guía en la página 53.

5. Ponga más atención a las veces que usted habla con sus hijos respetuosamente esta semana.

Enseñando nuevas tareas y pasatiempos:

❏ Guardar los juguetes   ❏ Doblar la ropa   ❏ Aprender un idioma nuevo
❏ Vestirse sólo   ❏ Arreglar la mesa ❏ Jugar al baloncesto
❏ Montar en bicicleta

Las nuevas tareas y pasatiempos

Nombre del niño #1 _____

¿Qué le enseñó nuevo? _____

_____

_____

¿Qué ocurrió?_____

_____

_____

Nombre del niño #2 _____

¿Qué le enseñó nuevo? _____

_____

_____

¿Qué ocurrió?_____

_____

_____

Nombre del niño #3 _____

¿Qué le enseñó nuevo? _____

_____

¿Qué ocurrió?_____

_____

_____

Práctica con el video #1

¿A quién le pertenece el problema? O ¿De quién es el problema?

Primera escena: Laura y Carlos - El teléfono

¿A quién le pertenece el problema?_____

_____

¿Por qué? _____

_____

_____

Segunda escena: Laura y Carlos - Los zapatos

¿A quién le pertenece el problema?_____

_____

¿Por qué? _____

_____

_____

Tercera escena: Gloria y Claudia - El columpio

¿A quién le pertenece el problema?_____

_____

_____

¿Por qué? _____

_____

_____

Cuarta escena: Piense en un problema que esté sucediendo en su familia

¿A quién le pertenece el problema?_____

_____

_____

¿Por qué? _____

_____

_____

¿Qué ocurrió?_____

_____

_____

Los mensajes que comienzan con la palabra "Yo"

Por ejemplo:

Usted tiene un niño de 10 años. El ha estado haciendo mucho ruido mientras juega. A usted le está dando un dolor de cabeza terrible. Usted le ha dicho ya dos veces que juegue sin hacer tanto ruido. El hace aún más ruido al jugar.

Escriba un mensaje que comience con la palabra "Yo" para su hijo.

Yo tengo un problema con _____

Yo siento _____

Porque _____

Podrías por favor _____

o

Yo quisiera _____

Ahora piense acerca de un problema que esté sucediendo en su familia. Este debe ser un problema que le pertenezca a usted. Escriba un mensaje que comience con la palabra "Yo" que usted pueda usar en casa. Trate de usar este mensaje esta semana para tratar de resolver ese problema.

Un problema que existe en nuestra familia

Yo tengo un problema con _____

Yo siento _____

Porque _____

Podrías por favor _____

        o

Yo quisiera _____

Qué ocurrió?

¿Qué ocurrió cuando usted le dió a su hijo un mensaje que comienza con la

palabra "Yo"? _____

_____

¿Cómo se siente acerca del mensaje que le dió? _____

_____

¿Qué cambiaría para la próxima vez? _____

_____

Práctica con el video #2

Veamos las siguientes 3 escenas. ¿Puede encontrar algo malo con las consecuencias lógicas que este padre usó? ¿Se le ocurre una consecuencia lógica mejor para usar en esta ocasión?

Primera escena: Ramón se queda dormido

¿Qué es lo malo de esta consecuencia lógica? _____

_____

¿Cuál sería una mejor consecuencia lógica ? _____

_____

Segunda escena: Ramón se vuelve a quedar dormido

¿Qué es lo malo de esta consecuencia lógica? _____

_____

¿Cuál sería una mejor consecuencia lógica?_____

_____

Tercera escena: Angela está patinando en la calle

¿Qué es lo malo de esta consecuencia lógica? _____

_____

¿Cuál sería una mejor consecuencia lógica?_____

_____

Utilizando las consecuencias lógicas con su familia

Ahora piense acerca de un problema que es sólo suyo. Este problema le "pertenece" a usted. Escriba el problema aquí:

_____

¿Qué tipo de consecuencia lógica sería buena para aplicar a éste problema?

Escriba lo que usted le diría a su niño _____

_____

_____

¿Qué alternativas le daría a su hijo? _____

_____

_____

¿Qué consecuencias?_____

_____

_____

Obteniendo la Cooperación

capítulo tres

¿Qué significa la cooperación?

L a cooperación significa trabajar junto con otras personas. Es ayudar a la familia. Es querer ayudarse el uno al otro. El primer paso para enseñarle a sus hijos acerca de la cooperación, es hablarse y comunicarse mutuamente.

Por ejemplo:

Digamos que su hijo tiene un problema. Puede que él trate de resolverlo sólo. Tal vez fracase o tenga éxito. Pero él no debe pensar que se le ha dejado sólo para que resuelva la situación. ¿Cómo le puede ayudar a su hijo? Pídale que hable con usted. Averigüe más sobre el problema. Entonces encuentren la forma de resolver el problema exitosamente. No resuelva el problema por él. Dele ideas sobre lo que se puede hacer. Demuéstrele que dos personas pueden trabajar juntas para llegar a una respuesta.

Cuando usted hable con su hijo, trate de hacer que sus palabras concuerden con sus sentimientos. Si no concuerdan, su niño recibirá un mensaje mixto.

Por ejemplo:

Sus palabras dicen "No estoy enojado."

Su voz y su rostro dicen "Me voy a enojar si no haces lo que te digo."

Esto causará que su niño no sepa lo que usted quiere decir en realidad o lo que él debe hacer al respecto.

¿Cómo les hablamos a nuestros hijos?

La mejor forma de hacerlo es escuchándolos primero.

Por ejemplo:

Matías está muy enojado. El está gritando y llorando. Algunas de las cosas que dice son muy crueles y feas. El padre de Matías se mantiene calmado y escucha lo que su hijo dice. El escucha la forma en que Matías está hablando. El Padre no dice, "No me hables de esa forma" o "Deja de quejarte." Lo único que dice es "Se que estás muy enojado. Después de que te calmes un poco podremos hablar sobre lo que te molesta."

Los padres y los niños deben hablar sobre el problema. Después deben decidir quién es el "dueño" del problema. Pregúntese, "¿De quién es el problema?" Si el problema le pertenece a su hijo, usted le puede ayudar a resolverlo.

Por ejemplo:

Su niño se queja porque otro niño en la escuela no le quiere hablar. ¿De quién es el problema? ¿Suyo o de su niño? El problema le pertenece al niño. ¿Por qué? Porque los niños deben ser compañeros de otros niños. Ellos necesitan aprender a hacer amistades por sí solos.

Cuando el problema es de su niño, él lo debe resolver sólo. Pero no lo deje sólo, usted como padre lo debe apoyar. Ellos se ayudan el uno al otro hablando. Esto se llama comunicación.

¿Cómo pueden ayudar los padres?

PRIMERO: Evite los obstáculos que obstruyen la comunicación

Cuando su niño comparte con usted sus sentimientos o problemas, sus comentarios pueden permitir que el niño siga comunicándose, u obstruir la comunicación entre los dos. Una "comunicación obstruida" es cuando el padre dice algo que causa que el niño se sienta desanimado y que no quiera hablar con el padre más. A veces el padre tiene buenas intenciones, pero puede decir algo que se convierta en un obstáculo en la comunicación.

Algunos ejemplos de estos obstáculos son:

Ordenar... *"Lo que debes hacer es* _____"

Dar consejos ... *"Yo creo que tú deberías* _____"

Apaciguar... *"Todo va a estar bien."*

Interrogar... *"¿Qué le hiciste?"*

Distraer... *"No nos preocupemos por eso ahora."*

Moralizar... *"La forma correcta de hacer ésto es* ____"

AHORA: Use los cinco pasos para la comunicación activa:

1. Escuche activamente.

Escuche con sus ojos así como con sus oídos. ¿Está su niño enojado, triste o herido? Escuche a su corazón. ¿Puede notar tristeza en su voz? Trate de no hablar mucho. Esto le dice a su hijo, "Está bien que hables sobre tus sentimientos. Voy a escuchar lo que me dices."

¿Puede usted escuchar mientras ve la televisión? ¿Puede escuchar mientras cocina? No muy bien. Usted necesita sentarse con su niño y escucharlo de verdad. Esto hace que su niño se sienta importante; él siente que usted le está dando importancia. Su niño sabe que usted lo quiere ayudar.

Usted no tiene que escuchar en silencio total. Usted puede decir simplemente "Ya veo," o "Si, te entiendo." Pero si no entiende, diga, "¿Estás diciendo que José escondió el juguete y la maestra te culpó a tí?" Usted está repitiendo lo que su niño le ha dicho.

2. Escuche los sentimientos de su niño.

¿Cómo se siente su niño? ¿Suena enojado? ¿Herido? ¿Triste? ¿Avergonzado? Es importante que los niños puedan expresar sus sentimientos. No hay sentimientos erróneos. Algunos sentimientos no son placenteros y no nos hacen sentir bien. Pero los sentimientos no son correctos o incorrectos.

Muchos niños tienen miedo de sus sentimientos. Ayúdeles a entender que está bien que tengan esos sentimientos. Pero que no siempre es bueno responder a esos sentimientos con acciones.

> *Por ejemplo:*
>
> *Un niño se enoja y le pega a otro niño. Esto significa que el niño está respondiendo a sus sentimientos. Debemos enseñarles a los niños a hablar sobre los problemas: "No me gusta cuando me quitas mi juguete. Estoy enojado."*

3. Relacione los sentimientos con el contenido de la conversación.

Ayúdele al niño a conectar sus sentimientos con lo que pasó. Dígale lo que usted cree que él está sintiendo acerca de lo que pasó.

Por ejemplo:

Niño: *"Le tengo odio a José. El escondió mi juguete."*
Padre: *"Veo que estás enojado con José porque te escondió el juguete."*

Niño: *"Janet se va a mudar y nunca más la voy a volver a ver."*
Padre: *"Parece que estás triste porque tu mejor amiga se va."*

Niño: *"No voy a ir a la escuela. Esos niños son muy grandes."*
Padre: *"Parece que le tienes miedo a los niños más grandes de tu clase."*

Usted puede usar muchas palabras para describir sus sentimientos. A veces es difícil escoger la palabra apropiada. Estas son algunas palabras que le pueden ayudar.

Palabras que expresan los sentimientos placenteros:

orgulloso	contento	comprensivo	alegre
calmado	entusiasmado	cariñoso	sorprendido
valiente	feliz	dichoso	satisfecho

Por ejemplo:

"Me parece que estás muy entusiasmado."

"Fuiste muy valiente cuando fuimos al consultorio del doctor."

Palabras que reflejan los sentimientos que no son muy placenteros:

temeroso	tímido	odioso	enojado
cansado	avergonzado	herido	infeliz
celoso	preocupado	solitario	defraudado

Por ejemplo:

"Se que estás defraudado porque no ganaste."

"Parece que estás enojado."

4. Busque las alternativas y evalúe las consecuencias.

Ayúdele a su niño a decidir lo que debe hacer. Los niños necesitan aprender a resolver sus problemas. ¿Qué pueden hacer? ¿Qué pasará si toman esa decisión?

¿Cuáles serán las consecuencias? Usted puede decir, "Esta bien Susana, ¿Qué podemos hacer al respecto? ¿Qué otra cosa puedes tratar de hacer?" Es mejor si el niño trata de decidir lo que debe hacer. Si a él no se le ocurre ninguna solución, entonces usted le puede ofrecer una sugerencia: "Tal vez tú puedes hablar con Juan la próxima vez que eso pase."

A veces es buena idea que usted comparta con su hijo una experiencia que haya tenido cuando usted era pequeño: "Yo me acuerdo cuando tenía 10 años."

"Tenía un amiguito que se llamaba Tomás. El me hizo lo mismo que Juan te hizo a tí. Yo también me enojé mucho."

Después de que su niño decida lo que debe o no debe hacer pregúntele. "¿Qué crees que puede pasar si haces eso?"

Pero deje que su niño decida lo que quiere hacer. Trate de no decirle lo que usted cree que él debe hacer. El debe aprender a ser responsable por sus acciones.

5. Pregúntele cómo le fué después de haber tomado la decisión.

¿Qué pasa cuando ustedes acaban de hablar? Pregúntele a su hijo sobre la decisión que ha tomado. Pregúntele cuándo va a hacer lo que ha decidido. No lo presione. Sea cariñoso. Después de que haya actuado le puede preguntar, "¿Cómo te fué? ¿Qué pasó?"

Haciendo esto usted está creando un lazo muy fuerte con sus hijos. Ellos se dan cuenta de que usted los quiere mucho. Ellos empiezan a confiar en usted. Ellos aprenden a acudir a usted cuando tienen un problema. Ellos aprenden a pensar primero y a actuar después.

Recuerde:
Si hay un problema, averigue de quién es el problema.

1. Si el problema le pertenece al padre:
- ❑ Primero haga una petición cordial
- ❑ Si es necesario use un mensaje que comienza con la palabra "Yo"
- ❑ Si eso no funciona, use las consecuencias

2. Si el problema pertenece al niño:

❏ Deje que el niño resuelva el problema

❏ Ayúdele hablándole y usando la comunicación activa

3. Si el problema no puede ser resuelto por el niño o el padre:

❏ Trate de resolver el problema por medio de una reunión familiar

Las reuniones familiares

Habíamos dicho que los niños son parte de la familia. Ellos deben recibir dos cosas muy importantes:

1. Ellos merecen ser respetados

2. Ellos pueden decir lo que piensan y lo que sienten

Si esto es verdad, ¿cómo pueden ellos actuar como personas iguales al resto de la familia? La mejor forma es hablándose y comunicándose el uno con el otro. En una "familia activa," todos son iguales. Todos pueden hablar sobre sus necesidades. Todos tratan de colaborar para resolver los problemas. Estas son tres formas en que las familias pueden hablar juntos:

❏ Charlas con la familia

❏ Charlas para resolver un problema

❏ Reuniones familiares

Los padres deben hablar con la familia sobre estas reuniones. Nadie debe ser obligado a asistir. Hablen sobre las cosas buenas que ocurrirán en la reunión.

Las reuniones deben incluir:

❏ a los padres

❏ a los niños

❏ a cualquier otra persona que vive en la familia

¿Qué pasa cuando hay sólo un padre en la familia? Todas las personas que viven juntos pertenecen a la familia. Esto incluye a los abuelos y a las abuelas.

Charlas con la familia

Estos son momentos cuando toda la familia se reune para hablar sobre un tema. Algunos ejemplos de temas son:

- ❏ la honestidad
- ❏ la tristeza
- ❏ el alcohol y otras drogas
- ❏ salir con muchachos o muchachas
- ❏ la privacidad
- ❏ el respeto

Hable sobre lo que a usted y a su familia les interesa. Estas son algunas sugerencias para su próxima charla con la familia:

Piense acerca del tema. Si el tema es la tristeza, usted puede decir: "Esta semana vamos a hablar sobre la tristeza. ¿Se acuerdan de la película que vimos ayer? ¿Por qué estaba triste el niño?"

Piense acerca de las preguntas que les puede hacer a su familia. A veces es difícil que las personas puedan hablar de ciertas cosas. Tenga algunas preguntas preparadas para que la conversación pueda continuar y que todos puedan participar.

Por ejemplo.

¿Cómo sabemos cuándo una persona está triste?

¿Cuándo te has sentido triste?

¿Qué haces cuando te sientes triste?

Estos son buenos momentos para que les enseñe a sus hijos ciertos "valores". Escriba las cosas que usted quiere que sus hijos sepan. Esto es muy importante si están hablando sobre el sexo o las drogas. Usted también puede traer libros, videos y revistas para compartir con la familia.

Charlas para resolver un problema

El ayudar a los niños a resolver sus problemas les ofrece varias herramientas para lograr el éxito. Toda la familia puede colaborar para resolver un problema. Los niños aprenden a cooperar en un grupo. Los problemas pueden ser resueltos todos los días o solamente cuando sea necesario.

¿Cómo poder hablar sobre un problema?

1. Todos deben entender el problema.

> *Por ejemplo:*
>
> *Gabriel tiene un problema. Todos escuchan mientras él está hablando. Sus hermanos y hermanas hacen preguntas para asegurarse de entender todo. El Padre dice: "Entonces estamos todos de acuerdo en que Gloria tomó prestado el suéter favorito de Gabriel sin permiso. Entonces alguien le robó el saco."*

2. Ahora trate de encontrar diferentes formas de resolver el problema.

Pídale a cada persona que hable. Pregunte, "¿Qué podemos hacer acerca de éste problema?" Haga una lista de todas las ideas que le ofrezcan. Todas las ideas son importantes. Nadie se debe burlar de nadie y nadie debe ser humillado por sugerir "ideas tontas."

Entonces escoja 1 ó 2 ideas que todos en la familia estén de acuerdo y hablen sobre ellas. Resuelva el problema solamente cuando todos estén de acuerdo en una solución.

> *Por ejemplo:*
>
> *Una idea fué hacer que Gloria pague por el saco de Gabriel. Otra idea fué que los padres de Gloria deben pagar el saco de Gabriel.*

3. Entonces responda a la decisión.

> *Por ejemplo:*
>
> *La familia decidió que Gloria debía pagar por el saco de Gabriel ya que ella lo tomó sin permiso. Ella tendrá que darle sus ahorros y ganarse un poco de dinero extra ayudando a los vecinos.*

Las reuniones familiares para resolver los problemas

Estas reuniones pueden ser charlas familiares o charlas para resolver un problema. Escoja el lugar y la hora apropiada para todos.

La familia García piensa que el Domingo en la tarde es buena hora para reunirse. Todos están juntos. Ellos pueden hablar sobre lo que les pasó la semana pasada. Ellos también pueden hacer sus planes para la próxima semana.

¿Qué se hace durante una reunión familiar?

La primera reunión debe ser corta. Usela para planear un picnic o un paseo al zoológico. O escoja una actividad divertida para hacer después de la reunión. Cada reunión será diferente ya que los temas de los que se van a tratar son diferentes.

Uno de los padres debe ser el líder del grupo. Pero cuando la familia se acostumbre a tener estas reuniones, cada miembro de la familia puede tomar el turno de ser el líder.

¿De qué se puede hablar?

1. **Empiece por permitir que cada miembro de la familia le agradezca al otro por algo especial que hayan hecho:**

   "Susana, de verdad que te esforzaste mucho en el exámen de matemáticas."

   "Papi, gracias por ayudarme a arreglar mi bicicleta."

   "Abuelita, tu torta de manzana es la mejor del mundo."

2. **¿Qué pasó con los problemas que la familia presentó la semana pasada?** ¿Necesita hablar sobre ellos ésta semana?

3. **Esta es una buena oportunidad de hablar sobre el dinero de la familia.** Déle la mensualidad a cada niño si lo acostumbra. Hablen sobre un viaje que estén

planeando y cuánto dinero costará. ¿Tienen problemas con el dinero? Pída ideas o ayuda a la familia.

4. **¿Hay algún problema nuevo o alguna buena noticia que alguien quiere compartir con todos? ¿Está la familia planeando un proyecto especial?**

5. **Hagan algo juntos después de que se acabe la reunión.**
   Vayan afuera a jugar. O coman algo delicioso como un helado. Es importante que disfruten momentos juntos con la familia.

¿Cómo saber de qué hablar durante la reunión?

Tal vez sea buena idea poner una hoja de papel en la puerta del refrigerador. Puede ser titulada: "Reunión." Si algún miembro de la familia tiene un problema, él o ella lo puede escribir en el papel. Usted puede hablar sobre cada tema durante la reunión.

Por ejemplo:

Niño: *"Papi, mi escuela está planeando un viaje y necesito dinero."*

Papá: *"Ya veo. Pues Marco, ¿Por qué no lo escribes en la lista que está pegada en el refrigerador? Podemos hablar sobre eso durante la próxima reunión familiar."*

Las cosas que hay que recordar acerca de todas las reuniones

Recuerde lo siguiente acerca de las Charlas familiares, las Charlas para resolver un problema, y las Reuniones familiares:

1. Cada persona tiene el derecho de hablar.

Esto incluye a los niños más pequeños. Sus hijos no van a sentirse entusiasmados acerca de las reuniones si creen que usted les va a decir lo que deben hacer. Ellos van a sentir más entusiasmo si saben que van a tener la oportunidad de hablar. Déjelos hablar sobre lo que a ellos les gusta, lo que no les gusta, y sobre los problemas que puedan tener. Ellos necesitan saber que van a ser escuchados. Todos deben tener la oportunidad de hablar.

2. Es importante que todos hablen sobre sus pensamientos y sentimientos acerca de cada problema.

La familia necesita escuchar todos los sentimientos - aún los sentimientos negativos. Los padres no deben reaccionar al oír a sus hijos mencionar emociones que no son placenteras o ideas que parecen ser "diferentes." Los niños deben sentirse seguros y libres de poder compartir sus pensamientos y sentimientos.

3. Todos deben estar de acuerdo sobre la solución del problema.

Esto no quiere decir que todos tengan que votar. Esto quiere decir que todos tienen la oportunidad de hablar sobre el problema y sobre sus sentimientos. Ellos deben estar de acuerdo con la solución. ¿Qué pasa si la familia no puede ponerse de acuerdo con lo que se debe hacer? Usted puede esperar hasta la próxima reunión y hablar sobre el tema otra vez. Si algo se debe hacer inmediatamente, el padre puede decidir la respuesta.

4. Una vez que se haya tomado la decisión durante la reunión, no la cambie.

Si alguno de los miembros de la familia se queja acerca de la decisión, dígales "Hablaremos sobre esta decisión en la próxima reunión familiar. Pero por ahora, ya hemos tomado la decisión y vamos a aplicarla."

5. Los padres aún son los padres.

El tener reuniones familiares no significa que los padres siempre hacen lo que los niños quieren hacer. A veces los padres toman una decisión y la presentan a los niños durante una reunión familiar. Pero siempre permítales decir cómo se sienten y qué piensan acerca de las decisiones. Esto es parte del proceso de comunicación. Esto también hace que las decisiones puedan ser fáciles de entender.

Haciendo la hora de dormir especial

Los niños más pequeños necesitan saber que hay cosas que van a ocurrir todos los días. Cuando sus vidas tiene un poco de estructura, ellos se sienten seguros y protegidos. Pero el tener demasiada estructura es tan malo como el no tener la suficiente estructura.

La hora de dormir parece ser un problema para muchos padres. La mejor forma de mejorar estos momentos es estableciendo una rutina durante la hora de dormir. Haga las mismas cosas todos los días, paso a paso. La hora de dormir debe ser un momento divertido para su hijo. Permítale ser parte de lo que usted está haciendo. Estas son algunas sugerencias sobre la rutina a la hora de dormir:

1. Empiece por darle un baño.

Trate de hacer que sea divertido. Escuchen un poco de música o ponga juguetes en la tina. También puede jugar con las burbujas del jabón y formar cosas imaginarias con ellas.

2. Cepillándose los dientes.

Haga esto después de tomar el baño. Si esta actividad no es divertida para su niño, trate de decirle cosas como: "Estás haciendo un gran trabajo. Me gusta como abres la boca tan grandota. ¿La puedes abrir tan grande como un león?"

3. Los cuentos durante la hora de dormir.

Esta es la actividad favorita de los niños durante la hora de dormir. Les puede leer un cuento o contarles una historia que usted se invente. Estos también pueden ser momentos especiales que puede compartir con sus hijos abrazándolos y demostrándoles su amor. Hablen acerca de lo que ocurrió ese día. Hablen sobre lo que pasará mañana. Otras rutinas especiales pueden incluir:

- ❏ orar
- ❏ darle un masaje
- ❏ cantar una canción que sea especial para cada día
- ❏ dele muchos besos y abrazos a su niño antes de que cierre sus ojos
- ❏ dígale "te quiero" antes de que apague las luces

Demostrando el amor

Todos los niños quieren ser amados. Sí, aún aquellos niños que se comportan de una forma que nos hacen sentir que es difícil quererlos. Los niños necesitan saber que los padres los quieren - sin tener en cuenta lo que pase.

¿Como les puede demostrar a sus hijos su amor?

- ❏ una palmadita en la espalda
- ❏ un abrazo
- ❏ poniéndo su brazo encima de sus hombros
- ❏ sonríendoles
- ❏ dándoles un beso

También es importante decirles "te quiero" a sus hijos a menudo. Puede que sea difícil hacerlo. Es difícil para algunos padres. Pero esas palabras suenan muy bellas para los niños. Observe como el rostro de su hijo se ilumina cuando usted le dice "te quiero."

Encuentre varias formas diferentes de demostrar su amor por sus hijos. Dígalo con sus palabras al menos una vez. Observe el rostro de su hijo cuando usted lo dice. Mientras más lo diga, más fácil será decirlo una vez y otra vez y otra vez.

Actividad para el enriquecimiento familiar: Concentrándose en el núcleo familiar

Permítales a sus hijos saber que ellos son parte de la familia. Su "familia" puede estar compuesta de 2 padres, 1 padre, un padrastro o una madrastra. No importa. Asegúrese de que sus hijos sepan que ellos pertenecen a esta familia.

Estas son algunas formas de hacerlo:

1. Planee muchas cosas que la "familia" pueda hacer junta.

Vayan al cine juntos, alquilen una película que a todos les guste, haga palomitas de maíz y organice una fiesta donde todos puedan comer las palomitas y lean un cuento juntos.

2. Hable siempre sobre "nuestra familia."

"Estoy muy orgullosa de nuestra familia."

"Nuestra familia en verdad que está creciendo."

"La señora Jones ha invitado a toda la familia a su casa para cenar."

3. Empiece a hacer cosas juntos a la misma hora cada semana, cada mes o cada año.

"Cada Sábado vamos a cocinar palomitas de maíz y vamos a ver una película juntos."

"Cada mes vamos a ir al parque a comer en un picnic. Vamos a comer torta de chocolate y helado. Si el clima no está muy bueno, entonces podemos ir a un restaurante."

"Cada año ponemos el árbol de Navidad una semana antes de la celebración. Todos estamos presentes para ayudar a decorar el árbol. Nos sentamos juntos alrededor del árbol y cantamos canciones Navideñas."

Usted y su familia son la parte más importante del mundo de su niño.

ACTIVIDADES EN CASA

1. Lea el Tercer capítulo de su *Guía para los padres*. Si desean leer otros capítulos, por favor, háganlo.

2. Recuérdeles a sus hijos que ellos son parte de su familia. Complete la Actividad para el enriquecimiento familiar: Concentrándose en el núcleo familiar, practicando los pasos en la página 68.

3. No se olvide de decirle "Te quiero" a su hijo. Complete la actividad titulada "Demostrando el amor" en la página 73.

4. Complete la Actividad de los obstáculos en la comunicación para que se dé cuenta cuando usted está estableciendo obstáculos al comunicarse.

5. Busque las oportunidades de usar la comunicación activa cuando el problema le pertenece a su hijo.

La actividad de la comunicación obstruída

Todos establecemos obstáculos a veces. Para ayudar a darse cuenta cuando lo hace, piense acerca de los obstáculos que usted usa a menudo. Escriba el obstáculo, la situación en la cual usted lo usó y su intención o meta al usarlo.

Obstáculo	Situación	Intención
Ejemplo: Distracción	El niño no fué escogido para actuar en la obra de teatro	Para hacerlo sentir mejor y así sentirme mejor también.

Práctica con el video #1: Respondiendo a los sentimientos

Primera escena: Claudia

¿Qué sintió la niña?_____

¿Qué podría haber dicho usted? _____

_____

Segunda escena: Carlos

¿Qué sintió el niño? _____

¿Qué podría haber dicho usted? _____

_____

Tercera escena: Ramón

¿Qué sintió el niño? _____

¿Qué podría haber dicho usted? _____

_____

Cuarta escena: Raúl

¿Qué sintió el niño? _____

¿Qué podría haber dicho usted? _____

_____

Quinta escena: Angela

¿Qué sintió la niña?_____

¿Qué podría haber dicho usted? _____

_____

Sexta escena: Claudia

¿Qué sintió la niña?_____

¿Qué podría haber dicho usted? _____

_____

Séptima escena: Carlos

¿Qué sintió el niño? _____

¿Qué podría haber dicho usted? _____

_____

Octava escena: Ramón

¿Qué sintió el niño? _____

¿Qué podría haber dicho usted? _____

_____

**Las palabras "te quiero" son las más
importantes que se le puede decir a su hijo.**

Las rutinas a la hora de dormir

Acuérdese cuando usted era niño. ¿Qué pasaba en su familia durante la hora de dormir? ¿Fueron positivos éstos momentos? ¿Alguien le dijo "Te quiero"?

¿Cuál fue su rutina a la hora de dormir?_____

_____

_____

¿Cuáles fueron sus pensamientos y sentimientos? _____

_____

_____

¿Qué hace usted con sus hijos durante la hora de dormir?_____

_____

_____

¿Cómo puede mejorar estos momentos?_____

_____

_____

¿Qué pasó después de que usted cambió la rutina de dormir de su hijo? _____

_____

_____

Demostrando el amor

Todos los niños necesitan oir las palabras "te quiero" de sus padres. Usted puede decirles estas palabras muchas veces en muchas maneras diferentes. La hora de dormir es un momento muy especial para decirles "te quiero" a sus hijos. Escriba las formas diferentes en que usted le demuestra su amor a sus hijos.

Nombre del niño #1_____

¿Qué hizo o qué le dijo? _____

_____

¿Qué dijo o hizo su niño? _____

_____

Nombre del niño #2_____

¿Qué hizo o qué le dijo? _____

_____

¿Qué dijo o hizo su niño? _____

_____

Nombre del niño #3_____

¿Qué hizo o qué le dijo? _____

_____

¿Qué dijo o hizo su niño? _____

_____

Departamento de Prevención para el Abuso de Drogas

Lo siguiente es una lista de 10 sugerencias ofrecida por el Departamento de Prevención para el Abuso de Drogas las cuales los padres pueden ofrecer a sus hijos:

1. Sea un buen ejemplo. No use las drogas.

2. Hable con su niño sobre sus conocimientos acerca del tabaco, el alcohol y otras drogas.

3. Establezca una regla de "no uso" – ningún miembro de familia debe usar las drogas.

4. Anime a su niño a que escoja un deporte o un pasatiempos que disfrute. Planee momentos que toda la familia disfrute.

5. Enséñele a su niño a decir "no" a las drogas.

6. Sepa siempre dónde están sus hijos. Dígales a qué hora deben regresar a casa.

7. Forme parte de un grupo de padres para obtener apoyo e ideas nuevas.

8. Aprenda a saber cómo puede descubrir si sus hijos están usando drogas.

9. Busque ayuda médica inmediatamente si su niño se enferma a causa de las drogas.

10. Controle sus propias emociones. No se enoje. No se de por vencido.

Active Parenting Publishers, Inc. tiene también disponible en español:
1, 2, 3, 4 ¡Padres! para los padres de niños de 1 a 4 años de edad.
Juego de Corazón Para Padres.

Para más información, por favor escriba a:

ACTIVE PARENTING PUBLISHERS

Atlanta, Georgia
(800) 825-0060
cservice@activeparenting.com
www.ActiveParenting.com